MUST READ

ANALIZA KSIĄŻKI

AF131735

Perła

• • • • • • • • • • • • • • •

JOHN STEINBECK

ANALIZA KSIĄŻKI

Napisany przez Annabelle Falmagne
Przetłumaczony przez Kâmil Kowalski

Perła

. . . .

JOHN STEINBECK

JOHN STEINBECK

AMERYKAŃSKI PISARZ

- **Urodził się w Salinas, w Kalifornii w 1902 r.**

- **Zmarł w Nowym Jorku w 1968 roku**

- **Godne uwagi prace:**

    - *Of Mice and Men* (1937), powieść

    - *Grona gniewu* (1939), powieść

    - *Na wschód od Edenu* (1952), powieść

John Steinbeck (1902-1968) to amerykański pisarz, którego dzieła (m.in. *Myszy i ludzie,* 1937; *Grona gniewu,* 1939; *Na wschód od Edenu,* 1952) łączy ich osadzenie w rodzinnym stanie autora – Kalifornii oraz tematyka trudności wśród ludności wiejskiej. Steinbeck pracował jako reporter dla International Herald Tribune podczas II wojny światowej, a w 1962 roku otrzymał literacką Nagrodę Nobla. Istnieje wiele adaptacji filmowych jego dzieł, które również przyczyniły się do jego sławy i popularności.

PERŁA

ZATRUTY KIELICH

- **Gatunek:** powieść
- **Wydanie źródłowe:** Steinbeck, J. (bez daty) *The Pearl*. [online]. PTbeach. [dostęp 18 lipca 2016]. Dostępny w: <http://www.ptbeach.com/cms/lib02/NJ01000839/Centricity/Domain/211/The-Pearl-John-Steinbeck.pdf>.
- **Pierwsze wydanie:** 1947
- **Tematyka:** zło, pokusa, rasizm, chciwość

Perła została po raz pierwszy opublikowana w 1947 roku i opowiada historię biednego meksykańskiego rybaka o imieniu Kino, który odkrywa ogromną cenną perłę, którą ma nadzieję przynieść mu i jego rodzinie dobrobyt i edukację. Ta przypominająca przypowieść powieść opowiada o przygodach i tragediach Kino i jego rodziny w następstwie odkrycia perły. *Perła* obnaża niesprawiedliwość społeczną i trudy, jakich doświadczają rdzenni mieszkańcy skolonizowanych terytoriów – temat ten przewija się przez całą twórczość Steinbecka.

Przed opublikowaniem tego dzieła Steinbeck poruszył już ideę odkrycia ogromnej perły w swoich tekstach *Sea of Cortez*, które napisał podczas ekspedycji naukowej w Zatoce Kalifornijskiej w 1940 roku.

STRESZCZENIE

Życie ubogiej rodziny rybaków z Ameryki Północnej zmienia się nieodwracalnie, gdy w jej posiadanie wpada kolosalna i cenna perła.

Kino, młody i zdrowy mężczyzna mieszka ze swoją małomówną, ale zdecydowaną żoną Juaną i ich małym synkiem Coyotito w rdzennie amerykańskiej wiosce w Meksyku. Pewnego dnia Coyotito zostaje ukąszony przez śmiertelnie groźnego skorpiona; już teraz szczęśliwe życie rodzinne zostało zakłócone. Juana próbuje uratować syna przed trucizną, wysysając ją z jego rany i każe Kino wezwać lekarza. Kino jest jednak przekonany, że lekarz nie poświęci czasu i kłopotu, by przyjechać do rdzennej wioski, więc Juana decyduje, że pojadą do La Paz i sami zobaczą lekarza. Kiedy docierają na miejsce, lekarz udaje, że go nie ma i odmawia pomocy małemu Coyotito, ponieważ jego rodzice są biedni.

PERŁA

Po opuszczeniu miasta La Paz, Kino i Juana wyruszają na połów pereł na kanu dziadka – jedynej rzeczy, jaką posiadają i ich środka do życia – tak jak robią to każdego dnia. Przed wejściem na łódź Juana opatruje ranę Coyotito brązowymi algami, które podobno są lekarstwem na dziecięce dolegliwości. Podczas połowu ryb Kino znajduje niesamowitą perłę; przejrzystą i ogromnych rozmiarów.

Plotki o odkryciu Kina szybko rozchodzą się po wiosce i mieście. Otoczony przez innych mieszkańców wioski w swojej chacie, Kino opowiada o wszystkich wspaniałych rzeczach, które zapewni mu perła – ślub kościelny, nowe ubrania, broń, a przede wszystkim będzie mógł wysłać Coyotito do szkoły, aby pomóc mu przerwać cykl supremacji białych intelektualistów. Mało tego, wśród białych mieszkańców miasteczka pojawia się pożądanie i chciwość; Kino jest teraz wrogiem. Jest to początek pozornie niekończącego się dążenia do kradzieży perły z Kino, które będzie wymagało podstępu, jak w przypadku skorumpowanych sprzedawców, i przemocy, jak pokazano, gdy Kino zostaje tajemniczo zaatakowany.

CHCIWOŚĆ

O zmroku tego samego dnia do Kina przychodzi miejski proboszcz, aby mu pogratulować i ostrzec, by nie zapomniał o Kościele. Następnie przybywa lekarz. Oszukuje Kina i Juanę, że mały Coyotito jest nadal w niebezpieczeństwie i podaje mu lekarstwo, które sprawia, że dziecko jest w stanie agonii.

Godzinę później lekarz wraca, aby "uratować" życie dziecka. Kiedy Coyotito jest już zdrowy, lekarz prosi Kino o pokrycie kosztów leczenia. Mówi mu, że zapłaci rachunek następnego dnia, gdy sprzeda perłę. Lekarz udaje, że jest to pierwszy słyszał o tej perły, i oferuje do podjęcia go na przechowanie. Kino odrzuca go, ale nie może powstrzymać się od wędrówki wzrokiem w kierunku miejsca, gdzie ukrył swój skarb. W nocy, ktoś próbuje ukraść perłę, ale Kino atakuje go z jego nożem. Złodziej walczy i ucieka, zanim Kino może zobaczyć, kto to jest. Juana już chce się pozbyć perły, uważa, że może ona przynieść im tylko pecha, natomiast Kino nadal widzi w niej bramę do wszystkich ich marzeń.

SPRZEDAŻ PERŁY

Następnego dnia Kino i Juana idą na aukcję sprzedawców pereł, a za nimi tłum mieszkańców wsi i miasteczka. Kino nie wie, że rynek jest tak naprawdę fikcją; wszyscy sprzedawcy białych pereł udają, że są niezależni, aby stworzyć fałszywą konkurencję i uzyskać jak najniższą cenę, podczas gdy w rzeczywistości wszyscy odpowiadają przed jedną osobą. Pierwszy kupiec Kino idzie do niego mówi mu perła jest bezwartościowe, ponieważ jego rozmiar oznacza nikt, z wyjątkiem być może muzeum będzie miał żadnego zastosowania dla niego. Kino nie wierzy mu, więc kupiec wzywa innych kupców, którzy są, oczywiście, wszystkie w na oszustwo, wspierają jego wyceny. Kino jest wściekły i deklaruje, że pójdzie i sprzeda ją sam w stolicy, aby uciec z pułapki handlarzy pereł.

O zmroku Kino zostaje zaatakowany po raz kolejny. Jest ranny, ale perła pozostaje nietknięta i w jego posiadaniu. Juana jest przerażona i po raz kolejny prosi Kino o wrzucenie przeklętej perły z powrotem do oceanu. On odmawia, mówiąc jej, że to jego decyzja, bo jest mężczyzną. Ogłasza, że następnego dnia zamierza udać się do stolicy w kajaku. Juana udaje, że się na to zgadza, ale potajemnie próbuje pozbyć się perły w nocy, czując, że sprowadzi ona na nich tylko zło.

Kino słyszy Juanę w nocy i idzie za nią. Zdaje sobie sprawę, co ona robi i bije ją, aby powstrzymać ją przed wyrzuceniem go. Ktoś wyłania się z ciemności i atakuje Kino. Kino walczy i przypadkowo zabija nieznajomego. Ukrywa jego ciało w krzakach i mówi Juanie, żeby poszła po Coyotito i kilka rzeczy, żeby mogli od razu wyjechać. Idzie do łodzi i odkrywa, że ktoś ją zniszczył. Jest wściekły i biegnie z powrotem do chaty, aby powiedzieć Juanie, gdzie znajduje swój dom w ogniu. Juana jest przerażona, więc biorą Coyotito i idą ukryć się w chacie brata Kino, Juan Tômas. Juan mówi innym mieszkańcom wioski, że Kino i jego rodzina zginęli w pożarze. Kino mówi bratu, że zamierzają uciec.

UCIECZKA

Kino i jego rodzina wyjeżdżają tak szybko, jak to możliwe. Podróżują tylko pod osłoną nocy i zawsze zacierają ślady. Pewnego dnia Kino dostrzega dwóch tropicieli i mężczyznę z bronią, choć ci jeszcze ich nie widzieli. Kino i Juana wpadają w panikę i uciekają w góry, by ukryć się w jaskini. Tropiciele za nimi i obozu pod jaskinią na noc. Kino postanawia zakraść się i zaatakować strzelca i ukraść jego broń. Coyotito zostaje z Juaną i zaczyna płakać. Strzelec myśli, że to zwierzę i strzela w kierunku hałasu, mały Coyotito jest zabity. Kino atakuje go i pozostałych dwóch mężczyzn, zabijając ich. Kiedy wraca, dowiaduje się, że Coyotito nie żyje. On i jego żona wracają do wioski ramię w ramię, a Kino w końcu idzie za radą Juany i wrzuca perłę do morza.

STUDIUM POSTACI

KINO

Kino to mężczyzna z rdzennej meksykańskiej wioski. Podobnie jak inni mieszkańcy wioski, ledwo wiąże koniec z końcem dzięki polowaniu na perły. Jest młody, sprawny, zdeterminowany, dumny ze swojego pochodzenia i lokalnych zwyczajów (których najważniejszym symbolem jest kajak jego dziadka). Jednak ta duma i determinacja słabnie, gdy przebywa w otoczeniu białych ludzi; czuje się gorszy. Chęć upodobnienia się do białych utrudnia Kino także pisanie nowych piosenek, co jest typowe w jego kulturze. Teraz pozostają mu tylko pieśni przodków, coraz bardziej oddalając się od swoich korzeni.

W miarę postępu powieści postać Kino ulega przemianie. Na początku ma on gorące pragnienie posiadania tego, co mają biali, czyli broni i dostępu do edukacji; nie chce już być rdzennym Amerykaninem. Gdy klątwa sprowadza na niego różne nieszczęścia, zbliża się do zwierzęcej natury. W górach wącha ziemię i chowa się w krzakach jak zwierzę, na które się poluje. Ponownie traci swoje człowieczeństwo, gdy masakruje trzech mężczyzn; obietnica bogactwa i dobrobytu doprowadziła Kina do całkowitej przemiany.

JUANA

Juana jest żoną Kino. Opiekuje się i utrzymuje ich małą rodzinę i gospodarstwo domowe, jest przedstawiona jako kochająca i intuicyjna. Wykazuje wielką siłę umysłu i charakteru, gdy znajduje się w nagłych i trudnych sytuacjach, takich jak opieka nad rannym dzieckiem czy próba wrzucenia perły do morza.

Jako kobieta Juana jest podporządkowana woli męża. Podczas ucieczki idzie za nim i nigdy nie próbuje przejąć inicjatywy. Nawet gdy Kino ją krzywdzi, nie bierze odwetu, godząc się na los z rąk męża. Jednak w miarę upływu czasu Juana zaczyna się buntować i dąży do zrównania się z Kino. Kiedy po śmierci syna wracają do wioski, ona i Kino idą obok siebie. Wykazuje się odwagą i wytrwałością, gdy rodzina ucieka, zachowuje godność w obliczu tragedii.

Choć mogłoby się wydawać, że Juana często żyje w cieniu męża, to mentalnie jest zawsze kilka kroków przed nim. Od samego początku wie, że perła przyniesie im pecha. Ona też pierwsza reaguje, gdy Coyotito zostaje ukąszony przez skorpiona.

RDZENNI MIESZKAŃCY AMERYKI

Mieszkańcy wioski należą do tego samego plemienia co Kino. Są obecni na wszystkich ważnych wydarzeniach w społeczności i to właśnie dlatego przychodzą z Kino i jego rodziną, gdy idą do lekarza i na aukcję pereł.

Reprezentują rdzenne zwyczaje i tradycje. Podobnie jak bohaterka, wstydzą się swoich korzeni. Na przykład recepcjonistka w gabinecie lekarskim, choć sama jest rdzenną Amerykanką, nie chce rozmawiać z Kino w jej ojczystym języku. Oni również pragną bogactwa i edukacji, ale w przeciwieństwie do mieszkańców miasteczka nie próbują ukraść perły; są szczęśliwi dla Kino.

Różnica między Kino a resztą mieszkańców wioski polega na tym, że Kino chce uciec od swojej pozycji społecznej i przełamać bariery stawiane przez białych mieszczan. Rdzenni mieszkańcy uważają, że powinien on po prostu cieszyć się z niskiej ceny, jaką oferują mu handlarze pereł.

BIALI MIESZCZANIE

Pobliskie miasto La Paz zamieszkują biali ludzie, którzy uważają rdzennych Amerykanów za gorszych. Doktor traktuje ich jak zwierzęta, mówiąc, że jest lekarzem, a nie weterynarzem. Ci mieszczanie są pochłonięci chciwością i chętnie wykorzystują brak wykształcenia Kina przeciwko niemu w swoich próbach kradzieży perły. Nigdy nie są zadowoleni z tego, co mają; mimo że doktor jest już bogaty i żyje we względnym dostatku, marzy o powrocie do Paryża.

ANALIZA

TEMAT MUZYKI I PIOSENKI

Śpiew jest czymś, co punktuje powieść, nadając jej własny rytm i działając jako reprezentacja emocji Kina. Chociaż Steinbeck nigdy nie mówi czytelnikowi żadnych rzeczywistych tekstów, śpiew jest czymś, co jest całkowicie osadzone w narracji i niemal staje się postacią samą w sobie, jak pokazano tutaj: "dzika, tajemnicza, niebezpieczna melodia, a pod nią płakała żałośnie Pieśń Rodziny." (p. 3).

Śpiew jest nierozerwalnie związany z kulturą bohatera. Próbując upodobnić się do białych mieszkańców miasteczka, Kino oddala się od rdzennych tradycji i kultury, przez co nie jest w stanie pisać nowych piosenek.

Rodzaje pieśni występujące w *The Pearl* to:

- Piosenki szczęścia: dźwięk bezpieczeństwa i rodziny, które Juana nuci podczas robienia śniadania;

- Pieśni o złu: przedstawiające użądlenie skorpiona, chciwość i podstęp mieszczan oraz próby kradzieży perły;

- Piosenki o perle: początkowo jest to piosenka o Kinie, który widzi swoje nadzieje i marzenia odzwierciedlone w tej niesamowitej perle. Jednak blask perły zaczyna blaknąć i Kino nie widzi przekleństwa, które ona reprezentuje.

KOLONIZACJA

Historia Kino rozgrywa się na tle białej kolonizacji Meksyku. Warto mieć na uwadze fakty historyczne. W 1519 roku Hiszpan Hernan Cortes (hiszpański zdobywca, 1485-1547), wylądował w Meksyku z uzbrojonymi oddziałami; był to początek końca imperium Azteków. W XVI i XVII wieku Hiszpania stopniowo kolonizowała całą Amerykę Środkową, pozbawiając ją bogactw i zmuszając do przejęcia władzy nowych władców. Poprzez przemoc i masakry narzucali chrześcijaństwo i swoje zwyczaje rdzennej ludności, którą uważali za gorszą rasę.

W powieści Steinbeck proponuje krytykę kolonizacji, pokazując jak biali mieszczanie wyzyskują rdzenne społeczności:

- Rozdziały 4-5: lekarz oszukuje Kino w przekonaniu, że życie jego syna jest nadal zagrożone i udaje, że ratuje jego życie, mając na celu jedynie wyciągnięcie od niego pieniędzy.

- Rozdział 4: Ksiądz przychodzi, by przypomnieć Kino, jak ważna jest dobroczynność wobec kościoła. Mówi Kino, że taką samą historię jak jego można znaleźć "w księgach", o człowieku, który przyniósł pokój całemu Meksykowi, zachęcając go do bycia hojnym w ten sam sposób.

- Rozdział 6: kupcy pereł współpracują ze sobą, aby wykorzystać Kino. Kino jest pewna, że perła jest cenna i nie chce uwierzyć białym kupcom.

Wbrew sobie i być może nie zdając sobie z tego sprawy, rdzenni Amerykanie zaczynają naśladować europejskie zwyczaje i obyczaje w nadziei na osiągnięcie podobnego poziomu życia jak biali mieszkańcy miast:

- Rozdział 1: kiedy Coyotito zostaje ukąszony przez skorpiona, Juana recytuje starą modlitwę rdzennej społeczności wymieszaną z zapożyczonym z chrześcijaństwa *Ave Maria;*

- Rozdział 3: Juana wypowiada życzenie, by w złowionej przez Kino ostrydze ukryta była ogromna perła. Zauważa jednak, że należy zachować pokorę wobec "Boga i bogów", odnosząc się w ten sposób zarówno do Boga chrześcijańskiego, jak i swoich własnych przekonań;

- Rozdział 4: Kino ma nadzieję, że perła będzie bramą do wszystkich jego marzeń o podobnym standardzie życia jak biali ludzie; posiadanie broni, zobaczenie jak jego syn otrzymuje wykształcenie, ożenek, posiadanie butów itp.

Steinbeck używa *Perły,* aby potępić niesprawiedliwość kolonizacji, coś, co sam uważał za niedopuszczalne i barbarzyńskie. Autor przekonuje, że rdzenni mieszkańcy powinni być dumni ze swoich zwyczajów i pozostać wierni tradycji. Analizowanie sytuacji przez ten pryzmat jest być może związane z własnymi doświadczeniami życiowymi Steinbecka. Kreśli on paralelę między swoim dzieciństwem na wsi a rdzennymi Amerykanami. Kiedy dorastał, jego wypady do miasta doprowadziły go do nienawiści wobec mieszczan i ich prób wyzysku ludności wiejskiej.

BINARNE OPOZYCJE: DOBRO – ZŁO I RDZENNI – BIALI

W powieści Steinbeck tworzy wyraźną binarną opozycję między rdzenną ludnością a białymi mieszkańcami miasta.

Poprzez swoje działania, ubrania i postawy, te dwie grupy są zrównane odpowiednio z dobrem i złem:

- Jedzenie: rdzenni Amerykanie jedzą zdrowo – placki kukurydziane i fasolę, podczas gdy biali opychają się słodkimi ciastkami i czekoladkami. Niektórzy z nich, jak lekarz, są otyli;

- Ubrania: mieszkańcy wioski noszą z godnością proste i praktyczne ubrania. Kiedy Kino i Juana idą sprzedać perłę, zakładają swoje najlepsze ubrania – choć nadal dobrze zużyte – i noszą je z dumą. Z drugiej strony biali kupcy ubierają się w groteskowy luksus, ale wydają się być niemal w przebraniu (jak lekarz);

- Mieszkania: mieszkańcy wsi mieszkają w prostych chatach, które nie mają drzwi, wypełnionych naturalnym światłem. Mieszkańcy miasteczka mieszkają w murowanych domach, blokując świat drzwiami i zamkami. Na przykład Kino musi iść zapukać do drzwi lekarza; szybko zostają one zatrzaśnięte w jego twarzy;

- Mowa i dialog: mieszkańcy wsi mówią prosto i szczerze. Łatwo ulegają wpływom i nie są podejrzliwi wobec innych, podczas gdy mieszkańcy miasteczka nieustannie mówią rzeczy, których nie mają na myśli, aby uzyskać to, czego chcą, i używają tego, aby oszukać Kino i jego rodzinę. Wykorzystują swój dostęp do edukacji, aby wykorzystać tych, którzy nie mają tyle szczęścia.

DALSZA REFLEKSJA

KILKA PYTAŃ DO PRZEMYŚLENIA...

- Znajdź przykłady obrazowania i doboru słów użytych przez autora, aby pokazać, jak samo miasto jest "jak zwierzę kolonialne".

- Czy w tekście widoczna jest pasja autora do biologii? Uzasadnij swoją odpowiedź kilkoma przykładami z powieści.

- W jaki sposób dom lekarza odzwierciedla jego osobowość?

- Przyjrzyj się słownictwu użytemu do wyrażenia strachu w pierwszych trzech rozdziałach. Czy odzwierciedla ono rozwój fabuły? Uzasadnij swoją odpowiedź.

- Waszym zdaniem, co przedstawia czarny pies Kino?

- Twoim zdaniem, dlaczego Juana nalega, aby Kino sam wrzucił perłę do morza na końcu powieści?

- Przyjrzyj się rozdziałom 9 i 10. Pokaż, w jaki sposób autorka ilustruje, że Kino coraz bardziej upodabnia się do zwierzęcia.

- Jaka jest opinia Steinbecka na temat kolonizacji i kolonializmu? Jakie czynniki z jego własnego życia mogły mieć na to wpływ?

- Jakie inne powieści Steinbecka można uznać za silne krytyki społeczne?

- Znajdź kilka innych powieści, które badają historię kolonizacji. Porównaj i skontrastuj z *The Pearl*.

DALSZE CZYTANIE

WYDANIE REFERENCYJNE

Steinbeck, J. (bez daty) *The Pearl*. [online]. PTbeach. [dostęp 18 lipca 2016]. Dostępny w: <http://www.ptbeach.com/cms/lib02/NJ01000839/Centricity/Domain/211/The-Pearl-John-Steinbeck.pdf>.

ADAPTACJA FILMOWA

Perła. (1947) [Film]. Emilio Fernandez. Dir. Meksyk: Film Asociados Mexico-Americanos.

Chcemy usłyszeć od Ciebie, co się dzieje!
Zostaw komentarz na temat swojej internetowej biblioteki
i podziel się swoimi ulubionymi książkami w mediach społecznościowych!

Wydawca zapewnia o wiarygodności publikowanych informacji, co jednak nie może wiązać się z jego odpowiedzialnością.

www.50minutes.com

Master ISBN: 9782808695282
Papierowy ISBN: 9782808616683
Depozyt prawny: D/2023/12603/1948

Verhaal: © Primento

Projekt cyfrowy: Primento, cyfrowy partner wydawców.